中学デビューシリーズ

初心者もぐんぐんレベルアップ

陸上競技入門

著

菅間友一

東海大学付属静岡翔洋高校

ベースボール・マガジン社

はじめに

　オリンピックや世界選手権で、限界に挑戦するアスリートの姿は、多くの人々に感動と活力を与えてくれます。トップアスリートの鍛え抜かれた筋肉、研ぎ澄まされた集中力、試合に向けて一心不乱に取り組む姿勢は、人として尊敬の念すら抱きます。そのトップアスリートであっても、「はじまり」があります。誰しも初心者から始まり、成功と挫折の繰り返しをして成長の階段を上っていくのです。

　トップアスリートになる人たちは、目標の設定に対して、正しい手段と方法をていねいに身につけ、基礎・基本を繰り返すことが必要となります。目先の試合ではなく、計画に沿って地道にトレーニングを継続していく力があるからこそ、トップアスリートへ成長していくのです。そう、トップアスリートは"継続は力なり"なのです。

　そして、陸上競技とは、走る・跳ぶ・投げるという単純な身体活動ではありますが、0.01秒でも速く、1cmでも先に行くためには、非常に奥が深く、限界が無い、楽しみに満ちた競技でもあります。全国中学陸上種目は、男子13種目、女子10種目もありますので、あなたに合った種目が必ず見つかります。

　身体成長中である中学生のみなさんには、目標とするトップアスリートと同じようにパフォーマンスをしたい気持ちがあると思いますが、筋力的にも技術的にも、未熟ですのでまずは、いろんな種目へのチャレンジをおススメします。

　本書は、中学生のみなさんが楽しく陸上競技を取り組め、パフォーマンス向上のきっかけと指導者のいない人であっても、記録を伸ばすことの助けになればと思います。

東海大学付属静岡翔洋高校　陸上競技部顧問　**菅間友一**

この本を有効に使うために

この本は、次のように活用するのがいいでしょう。

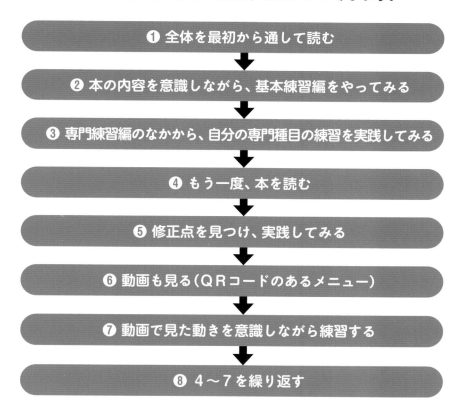

❶ 全体を最初から通して読む

❷ 本の内容を意識しながら、基本練習編をやってみる

❸ 専門練習編のなかから、自分の専門種目の練習を実践してみる

❹ もう一度、本を読む

❺ 修正点を見つけ、実践してみる

❻ 動画も見る（QRコードのあるメニュー）

❼ 動画で見た動きを意識しながら練習する

❽ 4〜7を繰り返す

この本では、初心者や中学生におすすめの練習や、中学生世代が基礎を習得するため、さらには競技力を向上させるために必要な練習を紹介しています。動画を含む各練習のモデルは、みなさんより少し年上の大学生や高校生の選手たちですが、動きの手本にしたり、イメージづくりの参考にしたりしてみてください。

　陸上競技には「走る」、「跳ぶ」、「投げる」の３つがあり、そのなかから自分の専門種目を見つけることができます。かけっこが速い人、跳ぶことが上手な人、投げるのが得意な人、さらにいえば、スピードはないけれども長い距離を走れる人など、誰もができるスポーツが陸上競技なのです。

　いろいろな種目がある分、選択肢も多くあります。私は選手たちに、まずは興味を持った種目にチャレンジするよう伝えています。「楽しい」、「自分に合っている」と思えば、その種目を続けていくのもいいでしょう。一方で、やっていくうちに、「別の種目に挑戦してみたい」、「自分にはほかの種目が合っているのではないか」と思ったら、違う種目をやってみてください。最初に始めた種目を続けることで強くなることもあれば、違う種目で伸びることもある。自分に合った種目を選択できることが、陸上競技の魅力の一つです。

　日本陸上競技連盟は近年、特定の種目だけでなく、多種目に挑戦したうえで、個々の能力や身体的特性を最大限に生かせる種目を選択していくトランスファーを推奨しています。中学校に入って初めて陸上をやる選手も、小学校から続けている選手も、複数の種目にチャレンジしていくことは必要だと私は考えます。

　また、やればやるほど記録を伸ばせる、限界がないのも魅力です。よく、速く走れるようになると、「違う景色を見ることができた」と表現することがあります。速くなっていくうちに、だんだんと景色が変わり、風の感じ方も変わっていくもの。遠くに跳べるようになったとき、投てき物を遠くまで飛ばせるようになったときも同じです。それを実感できるのが陸上競技であり、だからこそ面白くて、のめり込んでいけるのだと思います。自分が取り組んできた成果が順位や記録に表れるので、課題が見つけやすく、伸ばしやすいのも特長です。

　陸上は個人競技ではありますが、リレーなどチームで挑む種目もあります。強くなるためには、自分自身で努力していかなくてはなりませんが、仲間と切磋琢磨しながらチーム力を上げられる面白さもあります。部活動でも、クラブチームでも、一緒に練習する仲間がいます。みんなで競技力を高め合っていきましょう。

目 次

基本練習編

PART 1　ストレッチ　Stretching

PART 2　ドリル　Drill

PART 3　補強　Reinforcement exercise

専門練習編
中学生の大会で実施される種目　　58

PART 1 短距離 Sprint

PART 2 ハードル Hurdle

PART 3 走高跳 High jump

基礎知識編

構成／石井安里

装丁・本文デザイン／paare`n

基本練習編

ウォーミングアップに取り入れるメニューや、陸上競技の基本となる動きづくりやドリル、補強運動をやってみよう。年間を通してできるメニューで、基礎体力の向上に役立つよ。

ストレッチ Stretching

ウォーミングアップに取り入れるストレッチ(各20回程度)

ウォーミングアップとは「体を温める」、「準備運動をする」といった意味。日頃のトレーニング効果や試合でのパフォーマンスを高めるため、ケガを予防するためにも、適切に、ていねいに行う。まずは、ストレッチで筋肉や関節をほぐし、体を温めよう。

1 足首

両脚を開いて、足首を内側と外側に交互に動かす。（ゆらす）

2 つま先

脚を伸ばし、片足のつま先をもう一方のつま先で押す。脚を左右入れ替えて、反対のつま先も押す。

神経系に刺激を入れる①

③ 股関節周り

両ヒザを立てて座り、ヒザを片方ずつ内側に倒す。股関節周りを伸ばすことを意識する。成長期には股関節を痛めやすいので、柔軟性を高めよう。

④ 肩甲骨周り

仰向けになって脚をクロスさせる。肩甲骨周りがよく伸びるように、腕を左右に動かす。地面に着いている方の肩は浮かないようにして、手で脚を押さえる。脚を左右入れ替えて、反対側の腕も動かす。

神経系に刺激を入れる②

5 脚上げ

仰向けの姿勢から、両脚を高く上げる。手は地面に着いたまま、お尻もしっかり上げる。

6 ハムストリングス（太もも裏）

仰向けの姿勢から起き上がり、両手でつま先をタッチする。左右の脚で交互に行う。太もも裏をしっかり伸ばす。

7 肩甲骨（上下）

脚を前後に開き、片手は前脚に、もう片方の手は地面に着く。前脚側の肩を上下に動かす。

8 肩甲骨（前後）

脚をクロスして座り、片手は地面に、もう片方の手はヒザにつける。手を地面に着いているほうの肩を前後に動かす。20回動かしたら、脚を左右入れ替え、反対側の肩も動かす。

神経系に刺激を入れる③

⑨ 臀部（上下）

片脚のヒザを曲げて仰向けになる。伸ばしている方の脚を上下に動かす。お尻を上げ、肩は地面に着けたままにする。連続で20回程度やったら、もう一方の脚でも行う。

お尻をしっかり上げる

⑩ 臀部（左右）

⑨と同様に片脚のヒザを曲げ、伸ばしている方の脚を左右に動かす。お尻をしっかり上げ、肩は地面に着けたままにする。連続で20回程度やったら、もう一方の脚でも行う。

お尻は上げたまま

⑪ 臀部（前後）

両脚を伸ばして座った状態から、腕支持でお尻を足首に近づける。地面に体を着かずに連続で行う。ハムストリングスを伸ばすことを意識する。

⑫ 臀部（前後脚クロス）

脚をクロスして座った状態から、⑪と同様に腕支持でお尻を足首に近づける。地面にお尻を着かずに連続で20回程度やったら、左右の脚を入れ替えて行う。

動画で
チェック！ ⑪

神経系に刺激を入れる④

13 腸腰筋

両手を肩幅に着き、脚を前後に開く。手の横に前脚を置いた状態から、体をひねって前脚を反対方向に持って行く。腰から腿の付け根付近にある腸腰筋をほぐすことで、股関節の柔軟性を高め、正しい姿勢を保つことができる。

Point

大きくひねる

手のほうに向かって大きく体をひねる。手の位置が動かないようにする

14 股関節伸ばし

脚を前後に開き、前脚の股関節を伸ばす。

⑮ 股関節（旋回）

四つん這いの姿勢から、片脚ずつ外側に回す。連続で20回程度回したら、もう一方の脚でも行う。

Point

股関節を伸ばす

股関節をゆっくり
伸ばして大きく回す

神経系に刺激を入れる⑤

16 股関節(引きつけ、開脚)

四つん這いの姿勢から、片脚を伸ばす。伸ばした脚を胸に引きつけ、戻してそのまま横に開く。連続で20回程度やったら、もう一方の脚でも行う。

大きく開く

17 もも上げ

片足を上げ、反対側の手を上げてバランスをとる。上げたほうの足首を手でつかんだ状態で、もも上げをする。脚を入れ替えて、左右両方行う。

動画で
チェック！

引きつける

神経系に刺激を入れる⑥

18　腕ふり

やや前傾姿勢で腕を振る。

19　レッグカール

立った姿勢で、片脚のヒザ下をお尻につくくらいまで上げ、元に戻すレッグカールを左右両方の脚で行う。曲げたヒザが前に出ないようにする。

COLUMN

自宅でもやってみよう

ここで紹介したメニューを、本校では大会時も普段の練習時にも取り入れている。自重を利用した負荷が少ないメニューなので、ウォーミングアップだけでなく、自宅でのトレーニングに取り入れられる。正しい姿勢を保つことを意識して自宅でやってみよう。

Let's Try!

体操競技の動きを取り入れた3つのメニューに挑戦してみよう！ブリッジは脇や肩甲骨周りの柔軟性を高め、頭と両手の三点を使って体のバランスを保つことができる。すべてできなくても、できるポイントがあったらやってみよう。

体を反転させてブリッジ

もう一方の腕を旋回する　　　　　　　　ブリッジの体勢に戻った後、体を反転させて180度動く

ブリッジ

動画で
チェック！

手を肩幅に、脚は肩幅よりやや広めに着く　　そのまま、180度回る

片腕を旋回する　　ブリッジの体勢に戻る

Let's Try!

180度動く

ブリッジの体勢に戻る   5とは反対側の片腕を旋回する

バク転する

ブリッジ

体を反転させる

ブリッジの体勢に戻った後、もう一方の腕を旋回する　　ブリッジの体勢に

直立する

Let's Try!

頭と両手の三点を使って体のバランスを保つことに加え、筋肉を締めることができる。体の軸を安定させ、体幹を強化するスタビライゼーションのような運動にもなることから、筋肉を締めながらもリラックスして体を動かせるように取り入れている。

脚を上げて倒立する　　　　　そのままの姿勢で、伸ばした脚を上げ下げする（2回）

倒立姿勢に戻る

三点倒立

動画で
チェック！

1 手を肩幅より少し広めに着く

2 両手と頭で三角形を
つくるように、頭を地面に着ける

3 腰を上げる

7 倒立姿勢に戻る

8 脚を回す（2回）

9

13 脚を前後に動かす（4回）

14

15

Let's Try!

倒立姿勢に戻る　　　　　　　もも上げ動作（6〜8回）　　　倒立姿勢をとる

倒立姿勢に戻る　　　　　　　背中側に回転してブリッジの体勢になる

前方向に回転する　　　　　　ブリッジの体勢になる　　　　　25とは反対方向に体を回転させる

三点倒立

脚を前後に開き、下半身を回転させる。左右の脚を入れ替えて、下半身を回転させる

体を反転させながら、180度動く

元の体勢に戻る

Let's Try!

側転とは側方倒立回転の略称で、体の柔軟性を高め、バランス感覚を養うのに効果がある。

脚を片側ずつ振り上げて広げる

元の体勢に戻ったら、すぐに反対向きで側転をする　　もう一方の手を地面から離し、脚を地面に着く

側転

2　手をなるべく遠くに着く

脚を前に出している方の手から地面に着く

1

前方を向きながら片脚を前に出し、両手を上に伸ばす

6

5

片脚を地面に着く

片手を地面から離す

10

9

ドリルとは？

ドリルとは、基本を身につけるための
トレーニングである。ドリルには、体
を温めるためにウォーミングアップで
行うものをはじめ、走りの基礎を習得
するためのもの、動きを良くするため
のものなど、さまざまな種類がある。

CHECK!

用意するもの
ハードル1台（レースで使
用する高さより低いハード
ルで行う）

1 横向き

ハードルドリル

ハードルドリル

ストレッチでゆっくりと体の各部位の柔軟性を高めたら、動きをつけて
股関節を伸ばしていく。股関節の柔軟性を高めることが目的なので、ハー
ドル選手でなくても取り入れられる。リズム良くやることが大切で、リ
ズムを取りやすくするために、音楽をかけながらやるのもよい。

180度後ろを向く

ハードルドリル

② 反対向き

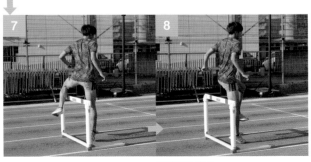

90度右を向く

そのまま横向きの動きに入る

35

短距離ドリル①

用意するもの
マーカー10個（1ｍ間隔で並べる）

すべての動きで、最後の
マーカーまで行ったら流
しで走り抜ける

2　2ステップ

①と同様にももを上げ、
マーカー間でステップを
踏んでから脚を入れ替え
る。

走りの基礎を習得する

① 1ステップ

ももを上げ、マーカー間を1ステップで脚を入れ替える。

短距離ドリル②

3 2歩（前傾）

マーカー間を2歩で走り抜ける。前傾姿勢から、徐々に体を起こしていく。脚を速く動かす。

4 2歩（起こし）

③と同様にマーカー間を2歩で走り抜けるが、初めから体を起こした姿勢で行う。

動画で
チェック！

後半は体を起こす

動画で
チェック！

短距離ドリル③

⑤ 1歩（前傾）

前傾姿勢を維持して、マーカー間を1歩で走り抜ける。大きな動きを意識する。

⑥ 1歩（起こし）

体を起こした姿勢で、マーカー間を1歩で走り抜ける。大きな動きを意識する。

短距離ドリル④

⑦ 1歩飛ばし

マーカー間を1歩飛ばしで走り抜ける。実際の走りに近づくように、地面からの反発をもらい、弾むような動きで行うとよい。

なぜ裸足で走るの？

走るときには、母指球（親指の付け根）から接地するのではなく、指先から接地するのが望ましい。しかし、シューズを履いて走ると、シューズの効力でどうし

動画で
チェック！

COLUMN

ても母指球を使って接地してしまうことが多い。裸足でドリルを行うことによって、指先で地面をとらえて接地する感覚をつかもう。指先を意識すれば、接地時の足首の位置もブレなくなる。指先の位置とヒザの位置が合うタイミングで接地すると、地面からの反発を得やすくなり、バネの作用をより有効に走ることができる。

PART 3

補強 Reinforcement exercise

補強の目的

補強運動は自重を利用して実施するトレーニングが中心で、体幹を鍛えたり、筋力や体の柔軟性を高めたりすることを目的に行う。

チューブ補強

CHECK!

用意するもの
チューブ（トレーニングチューブがない場合は、ホームセンターなどで売っている自転車用チューブで代用できる。もしくは、タオルを何枚かつなげたものでも可）

1 牽引（前向き）

2人1組で行う。腰のあたりにチューブがくるようにして、前向きに走る。補助者に抵抗するように引っ張るという意識ではなく、その場で動きを変えないよう意識する。

チューブ補強①

2 牽引（横向き・左右）

①と同様の動きを、横向きで行う。向きを変えて、左右両方でやってみる。

3 牽引（後ろ向き）

①と同様の動きをするが、補助者と向き合うような状態で後ろ向きに走る。

チューブ補強②

④ 牽引（回転）

①と同様の動きを行うが、補助者は力を加えた状態で180度移動したら、反対方向に360度回転する。一方向からではなく、さまざまな方向から引っ張られることで、コーナーを走るときやコーナーから直線に入るときに、軸をぶらさずに走るトレーニングになる。

⑤ 脚上げ

チューブを片脚のカカトに装着し、補助者に引っ張ってもらって高く上げる。左右両方の脚で20回ずつ行う。

6 開脚

チューブを両脚のカカト
に装着する。仰向けの体
勢で、脚を広げてカカト
を上げる。体を少し起こ
し、視線はカカトに向け
る。開脚を維持できる
よう、補助者に立っても
らってもよい。

メディシンボール補強ほか

メディシンボール補強

メディシンボールにはいろいろな重さがある。トレーニングには2〜4kgを使用するのが一般的で、3kgが最も多く使われる。

©HECK!

用意するもの
メディシンボール（3kg）

① 挟む

仰向けの体勢で、メディシンボールを脚で挟む。体を少し起こし、視線をメディシンボールに向ける。腹筋、内転筋、お尻周りが鍛えられる。ハムストリングスを肉離れしたときのリハビリにも良い。

② 左右タッチ

腕立ての体勢になり、目の前にメディシンボールを置く。メディシンボールを左右の手で交互にタッチする。不安定な物に体を乗せることで、お腹を中心に体幹を締める運動になる。

股関節ウォーク

ワニのような体勢になり、股関節を前後に揺らすようにゆっくりと進む。1歩進むごとに止まり、股関節を伸ばす。

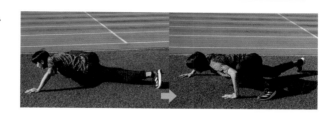

ノルディックハムストリングス

2人1組で実施するノルディックハムストリングス。補助者は実施者のカカトを抑えるように体重を乗せる。実施者のつま先が立つように抑えることがポイント。実施者は反動を使って体をまっすぐに反り、ハムストリングスを鍛える。

指先のストレッチ

正座の姿勢になり、カカトとお尻を離さずに、足の指先だけで体を持ち上げる。

ボックスジャンプ①

ボックスジャンプ（各20回）

プライオボックスにもいろいろな高さがあるが、30cmくらいのしっかりしたボックスで代用しても構わない。安定したものがあるといい。ちょうどいい段差で行ってもいいが、注意しながら行おう。

ⒸHECK!

用意するもの
ボックス2台

1 開脚

ボックスを3足長くらいの間隔で2台並べる。ボックス間に立ち、ジャンプして脚を開く。ヒザを曲げないように、足首の力を使って跳ぶと良い。

② 前後開脚ランジ

ボックス間に横向きに立ち、ジャンプして脚を前後に開く。高く上がることを意識する。
ボックスに乗ったら、腰を落としてランジ姿勢をとる。1回ずつ、左右の脚を入れ替える。

ボックスジャンプ②

③ 片脚ジャンプ

ボックスを二段重ねにして、片足をかけ、腕の反動を使って高くジャンプする。

④ 片足接地

両足を着いた状態から、ボックスに片足で接地する。左右両方の足で行う。

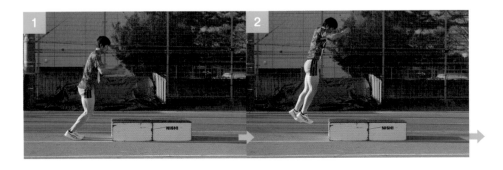

二段が難しい場合

身長が低い選手などはボックス1台でもよいが、できるだけ高くジャンプすることを意識する。

ボックスジャンプ③

5 両足接地

両足でボックスにジャンプする。ヒザが曲がらないように気をつける。ボックスは1台
用意すればよい。

ヒザを伸ばす

6 連続ジャンプ

ボックスを2台並べ、両足で続けてジャンプする。

ボックスジャンプ④

7 切り返し

片脚でジャンプ。踏み切った足と反対の足で接地する。高く跳ね上がるのではなく、上がったときに抑えるようなイメージで。接地するときに、もう一方の脚が前に出ている「切り返し」を意識する。

専門練習編

ウォーミングアップで体を温め、基礎的なトレーニングを終えたら、それぞれの専門種目の練習に入ろう。主にシーズン中に行う、種目別の練習メニュー例を紹介するよ。

中学生の大会で実施される種目

　中学生の全国大会は毎年8月に、「全日本中学校陸上競技選手権大会」（略称：全中）が開催されている。この大会で行われる男子13種目、女子10種目（表参照）が、一般的に中学生の大会で実施されている種目である。まずは、どんな種目があるか知ろう。

　1974年に始まり、2023年で50回目を迎えた全中の開催地は、現在では持ち回りで、毎年違う会場で行われている。各種目に標準記録が設けられており、都道府県で行われる指定競技会でこの標準記録を突破した選手が全中に参加できる（個人種目は1人1種目のみ）。標準記録は年によって変更されることもあるので、全国大会出場を目指す選手は、大会要項でチェックしておこう。

●全日本中学校陸上競技選手権大会の実施種目

	男子（13種目）	女子（10種目）
トラック種目	100m	100m
	200m	200m
	400m	
	800m	800m
	1500m	1500m
	3000m	
	110mH （高さ0.914m／ハードル間9.14m）	100mH （高さ0.762m／ハードル間8.00m）
	4×100mR	4×100mR
フィールド種目	走高跳	走高跳
	棒高跳	
	走幅跳	走幅跳
	砲丸投（重さ5.000kg）	砲丸投（重さ2.721kg）
混成競技	四種競技 （110mH・砲丸投4.000kg・走高跳・400m）	四種競技 （100mH・走高跳・砲丸投・200m）

PART 1

短距離 Sprint

400m以下の種目や、リレー種目が「短距離」に分類される。短距離種目のスタート時には、スターティングブロックを使用する。

スターティングブロックを蹴り出してスタートする

スタート時の前傾姿勢から、徐々に体を起こして加速していく

4人でバトンをつなぐのがリレー種目。中学生では、1人が100mずつ走る4×100mRがメイン

Let's Try!

マーク走とは、等間隔に置かれたマーカーを目印に、一定のストライドで走るトレーニングである。目標のストライドで走る練習にも、ピッチを高める練習にもなる。ストライドを維持したままピッチを速くしたいときには、マーカー間を通常のストライドと同等か、やや狭くするとよい。マーカーの間隔はそれぞれの目的に合わせて決めるが、ここではすり足での走りを身に着けることが目的なので、マーカー間を狭めてコンパクトな動きを意識しよう。

マーク走

用意するもの

マーカー10個×3（10個ずつ3レーンに並べる）

マーカー間	手前（オレンジ）	1m50cm
	中央（ピンク）	1m70cm
	奥（黄色）	1m90cm

Point　すり足を意識して、体を水平方向に動かす。リズムを取りやすくするため、音楽に乗せてやってもよい。

Let's Try!

マーク走でつかんだ感覚のまま、ミニハードル走に入る。ミニハードルには、さまざまなトレーニング効果があるが、ここでの目的は「前さばき」の習得である。前さばきとは、体の前で左右の脚を入れ替える動作のことを言う。

ⒸHECK!

用意するもの

ミニハードル10台×3（10台ずつ3レーンに並べる）

ハードル間	手前	1m60cm
	中央	1m80cm
	奥	2m00cm

（マーク走のマーカー間隔に各＋10cmが目安）

> **Ⓟoint** 走っているときに脚が流れる選手は、接地時間が長いためピッチが遅くなったり、地面からの反発をもらえなくなったりして失速してしまうが、前さばきを習得することで、脚が流れなくなる。

ミニハードル走

切り返しを意識したマーク走

ミニハードル走の後はもう一度、マーク走を入れる。マーカーを置く間隔を広げ、マーカー間を2歩で進むようにする。ここでの目的は、「切り返し」を意識すること。切り返しとは、接地したときに、逆脚が接地した方の脚より前に出ていることを言う。そうすると、地面からの反発を得られ、弾む感覚で走ることができる。「走る」より「跳ぶ」イメージを持とう。

Let's Try!

マーク走でつかんだすり足、ミニハード
ル走で身に着けた前さばき、次のマーク
走で習得した切り返し、これらの動きを
完成させた自分が目指すスプリントの動
きを、スロープを使って実践する。写真
のようなスロープ走路がない場合は、ト
レーニングに適した坂道を見つけよう。

Point　距離は 40 〜 50 m、斜
度が 3 ％程度の緩や
かな傾斜を走る。

スロープ走

下り切った後もスピードに乗って、動きを維持したまま走り抜ける

下りは自然と加速するので、スムーズに重心移動ができる。ブレーキがかかることもなく、力を使わずに乗り込むことができるので、中学生世代にもオススメのトレーニングである。「乗り込み」とは、接地した脚に重心が乗っている状態のことを言う。下りでスピードが上がっても動きが変わらないよう、姿勢を維持することを意識しよう。

スターティングブロックをセットする

スターティングブロックは、しっかり力を加えてフットプレートを押すことができる角度と幅に合わせる。

スタートラインから2.5足長あたりのところに、後ろ足のフットプレートを置く。

足長とは？

つま先からカカトまでの長さ、足のサイズのこと。陸上競技では、スタート時の足の位置やリレーのマーク位置、マーカーやミニハードルの位置、跳躍種目の助走距離を決めるときなど、試合でも練習でもさまざまな場面で用いられる。

短距離種目のスタート

通常は、スタンディングスタートをする際に前に置く足を、前にセットする。利き足を一歩目に踏み出すことが多いため、利き足を後ろにセットするのが一般的だが、実際にやってみてしっくりくる方でよい。フットプレートの角度は、前足が45度くらい、後ろ足はそれよりやや急なくらいがちょうどよいが、自分の体格や好みによって微調整する。前傾姿勢で水平方向に飛び出せるように、また一歩目をスムーズに踏み出せるように調整しよう。

スタートラインから1.5～2足長のところに、前足のフットプレートを置く。前足から位置を決めてもよい。

フットプレートの位置が決まったら、角度を調整する。

実際にスタート姿勢を取り、感覚が良くないようならフットプレートの位置や角度を見直す。

クラウチングスタート①

スターティングブロックを使用したスタートを、「クラウチングスタート」という。両手を地面に着いた体勢からのスタートで、スタンディング姿勢よりも水平方向に、素早く踏み出すことができる。

基本姿勢

 スタート音

① スターターからの
「On your marks
(オン ユア マークス)」の合図で
位置につき、静止する。
② 続けて、スターターからの
「Set(セット)」の合図で
腰を上げる。
③ スタート音で蹴り出す。

スターティングブロックから踏み出すときには、前足で重心を移動させ、後ろ足で上半身を動かしている。ブロックにただ足を付くのではなく、それぞれの足の役割を生かすためにセットすることを理解しよう。腰を上げたときに、しっかり足首を締めて止まるように。ヒザが曲がりすぎていても、力が入らないので注意する。ブロックから出るときには、脚を出すというより、体を移動させる意識を持つことが大切だ。

スタート技術を習得する

\ Set / \ On your marks /

クラウチングスタート②

前から見た姿勢

手の幅を広げると低い姿勢から出ることができ、幅が狭いと腰高の状態でスタートすることになる。ハードル選手で、1台目の入りで体が浮いてしまいがちな選手などは、幅を広くするとよい。中学生世代だとまだ筋力が不足しているため、手を広げすぎると体

手の幅が広い

肩幅より手の幅一つ分くらい広げて手を置くと、頭の位置も下がり、低い姿勢を取りやすい。ただ腕を支える筋力などが必要となってくる。

手の幅が狭い

肩幅と同じくらいに手を置くと比較的スタートしやすい。筋力のない選手には向いている。

スタート技術を習得する

を支えられなくなってしまうが、筋力がある選手ならば、広げたほうが低い姿勢から出ることができる。

加速局面①

スタートしたら、スピードを上げていく加速局面に入る。100 mの場合、スタートから20〜30 mあたりまでを一次加速局面といい、そこからトップスピードに到達するまでの区間（50 mあたりまで）を二次加速局面という。

加速局面の走り方

動画で
チェック！

一次加速

一次加速では、一気にスピードを上げる。スターティングブロックから低い姿勢で飛び出したら、脚を速く回転させようとはせずに、すり足で走るイメージで。水平方向に体を移動させ、直線的な動きを意識する。地面を叩くように、前に出した足が弾むように接地する。

水平方向に進む

加速局面②

二次加速

トップスピードにつなげる二次加速局面に入ったら、徐々に体を起こしていくが、ある程度の前傾姿勢は保つようにする。ストライドを広げ、ヒザの真下で地面をとらえるようにするとよい。

ヒザの真下で
地面をとらえる

加速局面の走り方

ストライドを広げる

リレー

オーバーハンドパス

4×100mRのバトンパスには、2つの方法がある。オーバーハンドパスは、受け手が手のひらを上に向けて腕を伸ばし、渡し手が上からバトンを渡す方法だ。両走者が腕を伸ばしてバトンを受け渡すため、利得距離（受け手と渡し手の距離）を稼ぐことができ、目視しやすいというメリットがある。一方で、受け手が飛び出すタイミングが速かったり遅かったりすると、失敗につながってしまう。走力がなくてもある程度の利得距離を得られるので、中学生はまず、オーバーハンドパスから始めるとよい。日本では伝統的に採用されており、比較的、簡単なバトンパス方法でもある。

バトンの先のほうをパスできれば、両走者の腕の長さ＋バトンの長さ分の距離を稼ぐことができる

4×100mRのバトンパス方法

アンダーハンドパス

アンダーハンドパスは、受け手が腰のあたりで手のひらを下向きに広げ、渡し手が下からバトンを渡す方法だ。加速動作のまま、ランニングに近いフォームでバトンパスができるというメリットがある。一方で、オーバーハンドパスほど手を伸ばさないため、利得距離を稼ぎにくい。習得が難しいため、採用しているのは日本代表や大学生以上のチームが中心だが、近年ではジュニア世代でもアンダーハンドパスを取り入れるチームが増えつつある。

渡し手は、親指を受け手の手に入れるように渡す。受け手は渡し手の親指の上を握り、親指ごと抜くような意識でバトンを抜くとよい

Let's Try!

まずは、ジョグのスピードでバトンパスの基本を身につけよう。渡し手と受け手が、共にジョグをしながらバトンを受け渡すのがバトンジョグである。両走者の距離を数メートルおいてジョグを始める。渡し手は受け手との距離を徐々に縮めていき、タイミングの良いところで「ハイ」と声を掛ける。受け手はその合図で手を出し、バトンパスを行う。どちらかが止まった状態ではなく、両走者とも動きながらパスしよう。

オーバーハンドパス

バトンジョグ❶

Let's Try!

アンダーハンドパス

実際のレーススピードではないので、無理にタイミングを合わせようとしなくてもよい。写真のように一度で渡らなければ、渡るまでやってみよう。ジョグをしながらやるので、渡し終えた後でも、バトンを渡し手に戻し、繰り返しパスの練習ができる。

バトンジョグ❷

Let's Try!

テイクオーバーゾーンとは？

4×100mRのバトンパスは、「テイクオーバーゾーン」と呼ばれる30mの区間内で行わなければならない。トラックには、テイクオーバーゾーンの入口と出口にマーキングがある。受け手の体がテイクオーバーゾーンの外に出ていても、バトンがゾーン内にあり、正しく受け渡しが行われていればよい。バトンパスは、受け手にバトンが触れた時点から始まり、手の中に完全に渡った段階で完了する。開始から完了までの間に、バトンがテイクオーバーゾーンの外に出ると失格となる。

4	3
バトンは立てない方がよいが、寝かしすぎると手のひらにうまく入らないので注意する	両走者とも腕を伸ばして利得距離を稼ぐ。受け手は渡し手に手のひらが見えるように出す

8	7
バトンを受け取った後の動きは素早く	受け手はバトンが手に入ったらしっかり握る

オーバーハンドパス

動画で
チェック！

基本的には、受け手はテイクオーバーゾーンの入口からスタートする

受け手は前傾姿勢を維持したままで、腕をしっか　　「ハイ」の合図で手を出す
り伸ばす

渡し手は完全に渡し切るまでバトンから目を離さない

受け手が前傾姿勢で腕を伸ばせば、利得距離を多くとれる

オーバーハンドパスの場合、両走者の距離が近いと詰まってしまうが、アンダーハンドパスなら両走者の距離が近くても渡すことができ、バトン落下のリスクが低くなる。アンダーハンドパスは、渡し手の体が受け手を追い越してしまうくらい距離が近くても、大きなミスにはつながらない。

動画で
チェック!

コーナーを使い、レース並みのスピードを出してバトンパスをやってみよう。

アンダーハンドパス

「ハイ」の合図で手を出す

渡し手はバトンの端を持つ

 バトンパスしたときが最高スピードではなく、加速している途中で受け取り、さらに加速していくのが理想だ。

 30mあるテイクオーバーゾーンのなかの、20m付近で受け渡すのがよい。

PART 2

ハードル Hurdle

ハードルにはどんな種目がある？

ハードル種目は、スタートからフィニッシュまでの間に10台のハードルを越えるもので、下記の種目がある。

●ハードル種目の種類

性別	種目名	区分	高さ	スタートから1台目まで	ハードル間	10台目からフィニッシュまで
男子	110mH	一般（高校生以上）	106.7cm	13.72m	9.14m	14.02m
	110mJH（ジュニアハードル）	U20（20歳未満）	99.1cm	13.72m	9.14m	14.02m
	110mYH（ユースハードル）	中学	91.4cm	13.72m	9.14m	14.02m
	400mH	一般（高校生以上）	91.4cm	45m	35m	40m
女子	100mH	一般（高校生以上）	83.8cm	13.0m	8.5m	10.5m
	100mYH（ユースハードル）	U18（18歳未満）	76.2cm	13.0m	8.5m	10.5m
	100mMH（ミドルハードル）	中学	76.2cm	13.0m	8.0m	15.0m
	400mH	一般（高校生以上）	76.2cm	45m	35m	40m

中学生の場合、全日本中学校陸上競技選手権大会をはじめ、一般的には男子110mYH、女子100mMHが行われている。ただし、中学生も参加できる国民スポーツ大会（少年B）、U16陸上競技大会では男子110mJH、女子100mYHが行われるため、この2大会の都道府県予選会などでは普段とは規格の異なるレースに出場することになる。近年では、スタートからフィニッシュまで8台のハードルを越える300mHも多く行われている。

ハードル種目について

インターバル

ハードルとハードルの間のことを「インターバル」といい、110m、100mの場合は3歩でいくのが一般的である。

Let's Try!

P32〜35で紹介したハードルドリルは、基礎体力の向上を目的に行うトレーニングで、ハードル選手だけでなく幅広く行えるメニューだが、本項で紹介するハードルドリルは、ハードラー向けの技術練習である。

1　ハードルまたぎ

軽くステップしながら、ハードルをまたいで跳び越える。

前から

横から

ハードル間は1足
長分くらい離す

ハードルドリル

 Point 軸が左右にブレないように意識する。着地した足のつま先と肩が一直線になっているとよい。

Let's Try!

2 リード脚

ハードルに向かって左側に立ち、リード脚（写真の選手は右脚）でハードルを越える動き
をする。リード脚は素早く動かす。ハードル間は10足長分で、ジョグ程度のスピードで
つなげばよい。

前から

横から

ハードルドリル

リード脚とは？

ハードリングの際、先にハードル上を通過するほうの脚のこと。踏切脚とは逆の脚になる。

Let's Try!

③　抜き脚

ハードルに向かって右側に立ち、抜き脚（写真の選手は左脚）でハードルを越える動きをする。抜き脚は素早く動かす。②と同様にハードル間は10足長分で、ジョグ程度のスピードでつなげばよい。

前から

横から

ハードルドリル

抜き脚とは？

ハードリングの際に、後からハードル上を通過するほうの脚のこと。踏切脚でもあり、リード脚とは逆の脚になる。

Let's Try!

4 ステップ（リード脚）

ハードルに向かって左側を、リード脚（写真の選手は右脚）で越える。ハードル間は10足長分で、ステップを踏みながらつなぐ。

ハードルドリル

 動きのなかで、すっと跳ぶように意識する。

Let's Try!

5　ステップ（抜き脚）

ハードルに向かって右側を、抜き脚（写真の選手は左脚）で越える。❹と同様にハードル間は10足長分で、ステップを踏みながらつなぐ。

ハードルドリル

 動きのなかで、すっと跳ぶように意識する。

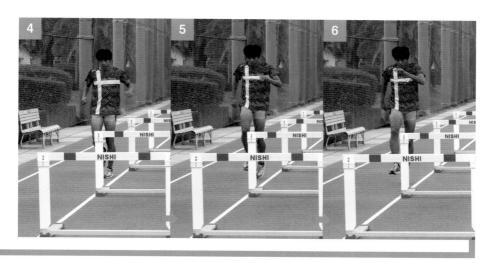

Let's Try!

6 3歩

ハードル中央を跳び越える。ハードル間は10足長分で、通常のインターバルよりも短いので、コンパクトに素早く刻む。コンパクトに刻むのに、10足長では長いと感じる場合には、3歩で刻める距離に設定する。

前から

ハードルドリル

コンパクトに刻む

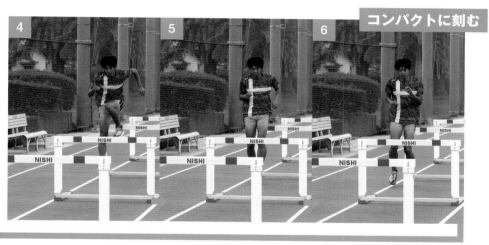

Let's Try!

横から

ハードルドリル

コンパクトに刻む

ハードリング練習

ハードリングの練習をしよう。レースのインターバル（男子9.14ｍ、女子8.0ｍ）にハードルを置く。３歩でいけない選手は、まずは３歩で跳べる距離から始めればよい。ハードルの高さも同様で、男子91.4㎝、女子76.2㎝を越えるのが難しい選手は、低いハードルから始めて徐々に上げていく。まずは、正しいハードリングを身につけることが大切だ。

正面から

横に広がらないように

ウエストポーチを脇に抱えているようなイメージで

横から

ヒザ下を伸ばす

正しいハードリングを身につける

Ⓟoint 跳ぼうという気持ちが強いと体の軸がぶれてしまい、ハードリングが高すぎたり、低すぎたりするので、みぞおち（お腹の上方の中央部）にぐっと力を入れるとよい。

動画でチェック！
正面から

動画でチェック！
横から

ハードルの向こう側にある物をつかんで引き寄せるようなイメージで

遠くから踏み切ると上下動なく跳べる

PART 3

走高跳 High jump

小学生までは、脚を振り上げてバーをまたぐように越える「はさみ跳び」が推奨されているが、中学生からはバーに背を向けて跳び越える「背面跳び」が主流である。いきなり背面跳びを始めるのではなく、段階的に練習していこう。

1 倒れ込み

マットの近くに立ち、そのまま後ろに倒れる。

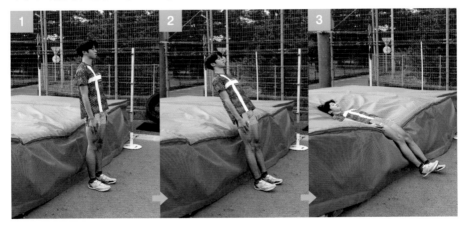

Point まずは、マットに落ちれば安全だという意識を植えつけよう。

背面跳びにチャレンジ①

2　くの字姿勢

マットの近くに立って体をくの字に曲げ、体を起こしながら背中から倒れる。

3　勢いをつける

マットの近くに立ち、腕で軽く勢いをつけて後ろに跳ぶ。

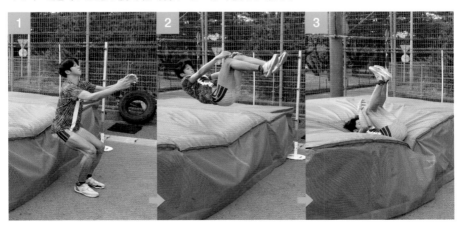

背面跳びにチャレンジ②

4 両足踏切

マットと少し離れたところから両足で踏み切って、体をやや回転させる。

5 片足踏切

3歩の助走をつけ、片足踏切で跳ぶ。最初は直線的な助走でよいので、徐々にマットから離れて跳んでみよう。

背面跳びにチャレンジ③

6 低いバーをかける

低いバーをかけて（写真は115cm）、背面跳びをやってみよう。中学生なら90cmくらいから始めてもよい。

はじめは当たっても痛くないチューブバーやゴムバーを使うと安全だ

どちらの足で踏み切ったらよいか分からない選手は、
スキップをしてみて跳びやすい方を踏切足にしよう。

体を反るのが難しいと感じたら、がに股で跳ぶと体を反りやすくなる

Let's Try!

1　スキップ

前に進む意識でスキップして、最後はマットに向かって跳ぶ。

2　踏切前2歩

①と同様に前に進む意識でスキップ。踏切の2歩前で体を前に送り出し、1歩前で地面を押し、最後はマットに向かって跳ぶ。踏切のときに踏切足がリラックスでき、リード脚の動きが遅れることもなくなる。

地面を押す

助走練習

体を前に出す

踏み切る

Let's Try!

3 スキップからジャンプ

 Point 走高跳用のスパイクを
使用せず、シューズで
行ったほうが効果的な
トレーニングになる。

助走練習

スキップ2歩から、踏み切って高くジャンプする。マットはなくてもよいので、連続で行ってリズムをつくろう。

Let's Try!

④　踏切前1歩

踏切の1歩手前に目印を置く。その目印のところで力を入れ、踏み切ったときに高さが出るようにする。

力を入れる　　　　　　　　　　　　　　勢いを止めない

高く跳ぶ　　　　　　　　　　　　　　キレを出す

助走練習

踏切の1歩手前

体が沈みすぎないように

 Point 勢いを止めずに進むことで、踏切のキレが良くなる。踏切のキレが悪いと、体が沈んでしまうので注意する。

助走から着地までの技術を磨く

助走から踏切、空中動作（クリアランス）、着地まで
の一連の動きを通しで行い、跳躍練習をしよう。技
術が大切なので、バーは低くてもよい。

曲線で助走する

踏切2歩前から緩やかに沈み込む

踏切に向かってリズム良く加速する

力強く踏み切る

視線はマットの斜め奥に向けるとよい

腕を振り上げて体を引き上げる

内傾とは？

曲線を走ると遠心力が働き、体は耐えようとして自然と円の中心側に傾く。これを内傾動作という。走高跳は曲線で助走し、スピードを落とさずに内傾することで重心の位置が下がり、踏み切った後にバーに背を向けやすくなる。

体が内傾して重心が下がるように

体が上がり切ったら反る　　　　体が落ち始めたらあごを引く　　　背中からマットに落ちる

Let's Try!

中学生からは、ポールの反発を利用してバーを越える棒高跳が加わる。ただ、環境や用具がそろっていないと跳躍練習ができないため、誰でも始められる種目ではない。跳躍練習は環境が整っている場所でないとできないが、ポールを用意できる棒高跳選手は、本項で紹介する基礎練習を砂場でやってみよう。

スタート姿勢

利き腕（写真の選手は右）が後ろにくるように、ポールを持って構える。

ポール走

ポールを持って助走練習をする。利き腕（写真の選手は右）でしっかり支える。

突っ込み動作

砂場の入口に穴を掘り、実際のピットのボックスと仮定する。

左腕で押し、右腕で支えるイメージで

右腕を使ってポールを立たせる　　　突っ込んだらポールを曲げに行く

走幅跳は小学生から始められる種目で、助走、踏切、空中動作、着地の４つの局面からなる。空中動作には３種類あり、小学生では、踏み切った後に振り上げ脚を前方に保持したまま着地準備に入り、両足で着地する「かがみ跳び」が主流だ。中学生になり、経験を積んでいったら、徐々に「反

両腕を上げて体を伸ばす

腹部付近を前に出す

カカトから両足で着地する

脚を前方に出して腕を振り下ろす

反り跳びに移行しよう

り跳び」に移行しよう。反り跳びはその名の通り、体を反らせる跳び方。踏み切ったら腹部から腰の部分を前方に押し出すようにして、両腕を上げて体を伸ばす。その後、両脚を軽く曲げて前方に出し、両腕を大きく振り下ろして着地に入る。

両脚を軽く曲げる

Let's Try!

1　挟み込み

ステップを踏みながら前に進む。後ろ足で地面を押して、前足が接地したら重心が乗るまでに両脚を挟むようにする。

両脚を挟む　　　　　重心を前足に移動する

2　ギャロップ

マーカーを1.8m幅に置く。「タ・ターン」のリズムで片脚スキップをする。踏み切ったときに、遊脚（浮いている方の脚）が支持脚よりも前にあるのが望ましい。

遊脚を前に出す　　　　テンポ良く

効果的な練習法

助走から踏切へのトレーニング

前足が接地する　　　　　　　　　　　　　　　　　　　後ろ足で地面を押す

遊脚を前に出す

Let's Try!

3 ギャロップ＋ラン

❷のギャロップに、軽くランニング動作を加える。３歩のランニングの後にギャロップ。跳ぶ幅を広げながら、テンポを上げる。

助走から踏切へのトレーニング

広く、テンポ良く

沈み込まないように跳ぶ

踏切

走幅跳には踏切線と20cm幅の踏切板があり、踏切線を踏み越えると無効試技（ファウル）になってしまう。しかし、練習の段階で「踏切板に合わせよう」、「ファウルをしないようにしよう」と考えながら跳ぶと、うまくいかないことが多い。例えば、数メートルの水たまりを跳び越える

4～5歩手前を合わせる

踏切の手前にマーカーを置き、自分のなかで「ここが合えば踏切が合う」というポイントを見つけるとよい。だいたい、踏切の4歩手前か5歩手前（約8m手前）に足を合わせられれば、踏切も合うものだ。

4歩手前に合わせる　　　　　　　　　　　　　　　　　　3歩手前

1歩手前

踏切手前を合わせる

ときには、踏切板はない。練習では、水たまりを跳び越えるように、実際よりも大きな踏切板があるとイメージして跳ぶとよい。はじめのうちはファウルをしても構わないという意識で助走をして、だんだん足を合わせていこう。

2歩手前

踏切足だけに力を込めない　　跳び出しを意識する

着地

砂場の縁から立ち幅跳びをして、着地の練習をしよう。遠くにカカトを着き、お尻を入れるようにする。空中動作から着地にかけてスピードが出ると、お尻が自然と入り込んでくる。

着地の体勢に入る

着いたカカトにお尻をつける

遠くにカカトを着く

最後は体育座りで終わるくらいでよい。

2 勢いよく跳び出す	**1** 立ち幅跳びをする

6 カカトから着地する	**5** カカトを遠くに出す

Let's Try!

どの跳び方を選ぶかは、スピードレベルによって決まる部分も大きい。トップレベルになると、はさみ跳び（シザース）をする選手も増え始める。特に男子は、助走スピードが速く、空中の滞空時間が長い分、取り入れやすい。高い技術を必要とするため、中学生には難しいが、男子選手はいずれ経験を積んだときにチャレンジしてみてもいいだろう。

腕と脚を回転させる

動画で
チェック！

両足で着地する

Point

はさみ跳びは他の跳び方よりスピードを生かせるため、空中を走り抜けるようなイメージで跳ぶ。目線を着地点に向けて跳ぶと、脚が前に出ないので気をつけよう。

はさみ跳び（シザース）

踏み切ったら体をまっすぐにして、振り上げ脚を前方に出す

両足着地の体勢に入る　　　脚をできるだけ前へ　　　腕を大きく動かす

PART 5

砲丸投 Shot put

中学生から加わる砲丸投は、砲丸といわれる鉄球を直径2.135mのサークルから投げる種目である。野球のボールのような投げ方はせず、突き出して飛ばす。砲丸の重さは、下記のように性別・年代によって異なる。まずは、軽い砲丸から練習を始めるのもいいし、練習用の砲丸もあるので活用しよう。また、サークルがない場所でも、移動式の練習用サークルを使えば技術練習ができる。

●砲丸の重さ

性 別	区分	重さ
男子	一般	7.260kg
	U20(20歳未満)	6.000kg
	中学	5.000kg
	中学(四種競技のみ)	4.000kg
女子	一般・高校	4.000kg
	中学	2.721kg

砲丸の直径は男子が11〜13cm、女子は9.5〜11cmと定められている

砲丸投とはどんな種目?

基本姿勢

砲丸は主に人差し指、中指、薬指を使って突き出すので、構えるときには手のひらに乗せず、指で保持する。砲丸を首につけた状態から、投てき動作を開始。砲丸を保持しているときは手首を反らし、ヒジを約45度、外側に向ける。

ヒジが下を向かないように構える

砲丸投の投法

砲丸投には2つの投法がある。投げる方向に背を向けて構え、後ろ向きに助走をつけて、半回転しながら砲丸を突き出す「グライド投法」、体重を移動させながらターンし、砲丸に遠心力を加えて突き出す「回転投法」の2つだ。日本では、男子のトップ選手は回転投法が主流になってきたが、安定した投げができるようになるまで時間がかかるため、中高生はグライド投法の選手が多い。

グライド投法①

1 その場投げ

サークルの縁にある足留材の上に正面を向いて立ち、ヒザを曲げて砲丸を突き出す。砲丸は軽く握るくらいでよい。

手は砲丸を突き出した方に向けて出す

ヒザの動きと砲丸を突き出すタイミングを合わせる

2 ひねる

❶と同様に、足留材の上に正面を向いて立つ。体を少しひねりながらヒザを曲げ、砲丸を突き出す。砲丸は軽く握るくらいでよい。

手は砲丸を突き出した方に向けて出す

ヒザの動きと砲丸を突き出すタイミングを合わせる

基本動作を段階的に練習する

体を少しひねる

グライド投法②

3 パワーポジション

パワーポジションから投げる。脚を前後に開いてサークルに立つ。砲丸を持っている側の脚（写真の選手は左）を後ろにする。体を少しひねりながらヒザを曲げ、砲丸を突き出す。砲丸は軽く握るくらいでよい。

手は砲丸を突き出した方に向けて出す

脚に体重を乗せながら砲丸を突き出す

4 半回転

横向きにサークルに立つ。砲丸を持っている側のヒザ（写真の選手は左）を曲げて体重を乗せ、反対の脚（後ろ脚）を上げて、半回転しながら砲丸を突き出す。

手は砲丸を突き出した方に向けて出す

脚に体重を乗せながら砲丸を突き出す

重心を移動させる

基本動作を段階的に練習する

体を少しひねる

曲げたヒザに体重を乗
せる

グライド投法③

5 グライド（逆脚）

投げる方向に背を向けて構える。後ろ向きにグライド（助走）して、体を半回転しながら砲丸を突き出す。通常のグライド投法は、砲丸を手に持っているのと反対側の脚を引くが、ここでは砲丸を持っている側の脚（写真の選手は左）を引く。

左脚を1歩引く　　　　　　　　　　右ヒザを曲げて体重を乗せる

砲丸にスピードが伝わるようにする

基本動作を段階的に練習する

2　パワーポジションをとる

1　投げる方向に背を向けて立つ

6

5　後ろ向きにグライド

10　重心を移動させながら砲丸を突き出す

9　右脚を軸に半回転する

グライド投法④

6 グライド

①〜⑤を経て、グライド投法を完成させる。投げる方向に背を向けて構える。後ろ向きにグライド（助走）して、体を半回転しながら砲丸を突き出す。

右脚を引きつけてパワーポジションをとる　　左ヒザを曲げて体重を乗せる

砲丸にスピードが伝わるように突き出す

基本動作を段階的に練習する

動画で
チェック！

(注)右手投げの選手は写真とは逆足になる

2	1
右脚を引き上げる	投げる方向に背を向けて立つ

6	5
スピードに乗ってグライドする	左脚を軸にして、右脚を後ろに引く

10	9
重心を左脚から右脚に移動させていく	右脚を軸に半回転する

Let's Try!

⒞HECK!

用意するもの

メディシンボール（3kgもしくは4kg）

1 サイドスロー（水平）

横向きになり、なるべく
地面と水平に投げる。

最後まで押し切る

2 サイドスロー

❶と同様に横向きに投げ
るが、高さを出して飛ば
す。左脚に重心を乗せる
と高さが出る。

最後まで押し切る

メディシンボール投げ

腕を回転させる　　　　　　　　後ろ足を使って体重を移動させる

腕を回転させる　　　　　　　　脚を使ってボールを持って行く
　　　　　　　　　　　　　　　イメージで

Let's Try!

③　フロントスロー

下半身に力をため、反動
を使って前に投げる。

全身を使ってできるだけ遠くに

④　バックスロー

③の動きを後ろ向きで行
う。

全身を伸ばしてできるだけ遠く
に

効果的な練習法
メディシンボール投げ

地面を踏み込んでボールを飛ば
す

反動を使ってボールを前へ

脚を肩幅より広めに開き、ボー
ルを脚の間に持って行く

 Point ボールが飛んでいく方向に、自分も一緒に飛び出すように投げる。

地面を踏み込んでボールを飛ば
す

反動を使ってボールを後ろへ

脚を肩幅より広めに開き、ボー
ルを脚の間に持って行く

 Point ヒザを曲げすぎると力が入らない。自分の最も力が入るポジションから始
めよう。砲丸投の構えと同じ体勢がよい。

突き出し

突き出しからリリースまでの感覚をつかむため、砲丸を地面に向かって押す動きをやってみよう。砲丸を肩の位置まで持っていき、上から砲丸を押すように落とす。

GOOD ○ 背中と腕がまっすぐに伸びた体勢から押すと、落ちた砲丸が大きく跳ね上がらないで地面にとどまる。

NG × 手首が動くと力が逃げてしまい、落ちた砲丸が地面にとどまらない。突き出しも同様で、うまく突き出さないと砲丸に力が伝わらない。

基礎知識編

1

陸上競技の
基本ルールを
知っておこう

試合に出場するときに、ルールを
知らなければ失格や記録なしで
終わってしまう場合もある。専
門練習編で紹介した短距離、ハー
ドル、リレー、走高跳、走幅跳、
砲丸投の基本的なルールを頭に
入れておこう。

クラウチングスタート

不正スタート

　短距離、ハードル、リレー種目は、スターティングブロックを使用したクラウチングスタートで出発する。選手はスターターからの「On your marks（オン　ユア　マークス）」の合図で位置につき、「Set（セット）」の合図で腰を上げる（P 68参照）。スターターは全員が静止したところでピストルを鳴らすが、セットから号砲までの間に、静止することなくスタートした場合や、手が地面から離れたり、足がスターティングブロックのフットプレートから離れたりした場合は、「不正スタート」とみなされる。「スタート・インフォメーション・システム」が用いられている大会では、号砲後0.100秒未満で反応すると不正スタートになる。不正スタートと判断された競技者は失格となり、レースを走ることはできない。スタート審判長から赤黒のカードを提示されたら、速やかにレーンを離れなければならない。大会のリザルトには、各選手の「リアクションタイム（反応時間）」が記載されていることもあるので、注目してみよう。リアクションタイムが0.101秒に近い選手ほど、スタートで良い反応をしたといえる。

号砲前にフットプレートから足が離れないようにする

ハードル

ハードルを越えるときのルール

❶ハードルの上部には、高さ7㎝（±5㎜）、幅1m18〜20㎝のバーがある。ハードルを越える瞬間に脚がハードルをはみだして、バーの高さよりも低い位置で跳ばないようにする。

❷手や体、振り上げ脚の前側でハードルを倒さない。インターバルや踏切で足が合わないと、ハードルを倒してしまうこともあるので気をつけよう。

上記の❶、❷の場合を除いては、ハードルを倒しても失格にはならない。

❸レース中に自分のレーン、または隣接するレーンのハードルを倒し、他の競技者のレースを妨害するなどの影響を与えた場合は失格となる。ただし、すでにハードルを跳び越えている競技者のレーン内のハードルを倒しても、他のルール違反がない場合は失格にはならない。

GOOD○

バーより高い位置で跳び、ハードル幅をはみ出さない

バー

リレー

バトンパスに関するルール

　P82で紹介したように、4×100mRのバトンパスは、「テイクオーバーゾーン」と呼ばれる30mの区間内で行わなければならない。バトンパスは、受け手にバトンが触れた時点から始まり、手の中に完全に渡った段階で完了する。開始から完了までの間に、バトンがテイクオーバーゾーンの外に出ると失格となる。受け手の体がテイクオーバーゾーンの外に出ていても、バトンがゾーン内にあり、正しく受け渡しが行われていればよい。

バトンを落としたとき

　バトンパスが開始され、完了していない状態でバトンを落とした場合には、渡し手（前走者）が拾わなければならない。バトンパスが完了したあとにバトンを落としたら、受け手（次走者）が拾うようにする。

各レーンのテイクオーバーゾーンの入口と出口には、緑の三角印がある。写真のように出口までにバトンパスを完了させよう

走高跳

基本ルール

　最初の高さとバーの上げ幅は、大会ごとに決められているが、どの高さから試技を開始してもよい。各競技者が同じ高さに３回まで挑戦でき、３回連続で失敗すると競技終了になる。開始の高さを３回失敗すると記録なしに終わってしまうので、確実に跳べる高さから始めよう。また、試技を開始した後、途中の高さをパスすることもできる。ある高さで１回目、または２回目の試技を失敗した後に、残る２回目または３回目の試技をパスして、次の高さに挑戦してもよい。ケガなどで跳ぶことが難しくなった場合や、すでに順位が決まっていて、もう跳ばなくてもよいと判断した場合は、試技を放棄することもできる。

順位決定の方法

　試技表の例を見ながら、順位決定の方法を理解しよう。表ではＡ選手とＣ選手、Ｄ選手とＥ選手は同記録である。このように同記録で複数の選手が並んだ場合は、無効試技数（失敗）が少ない方が上の順位となるので、１位はＣ選手、２位はＡ選手、３位はＤ選手、４位はＥ選手と決定される。記録も無効試技数も同じ場合は、同順位がつく。

競技者	1m70	1m75	1m80	1m85	1m88	1m91	記録	順位
A	○	×○	○	×○	××−	×	1m85	2
B	−	×○	−	×××			1m75	5
C	−	○	○	○	×××		1m85	1
D	−	○	×○	×r			1m80	3
E	−	×○	××○	×××			1m80	4

○＝成功、×＝失敗、−＝パス、r＝試技放棄（Retired from competitionの略）

走幅跳

踏切

　走幅跳には、幅200㎜±2㎜の白い踏切板がある。それに接して、幅100㎜±2㎜の緑の粘土板が並べられている。踏切板と粘土板の境目が踏切線で、踏切足か靴のどこかが踏切線を越えると無効試技（ファウル）とみなされ、記録は計測されない（P126参照）。選手が踏切線を踏み越えると、粘土板に痕跡が残るので、無効試技の後は競技役員（審判員）が粘土板を交換する。たとえ踏切線の手前であっても、踏切板の両端よりも外側で踏み切ると無効試技になる。一般的には、無効試技が3回続くと記録なしで競技終了となるが、出場者が8人以下だった場合、競技注意事項に規定がなければ4回目以降の試技が認められることもある。

踏切板

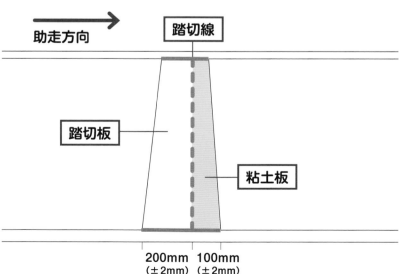

助走方向

踏切線

踏切板

粘土板

200mm
（±2mm）
100mm
（±2mm）

砲丸投

サークル

砲丸投のサークルは、直径2m135㎜、中央には左右各750㎜のラインが引かれている（P132参照）。投てき方向側には、足留材という白く塗装された木の縁がある（P134～参照）。足留材は幅112～300㎜、高さは100㎜±8㎜と定められている。また、投てき角度を示す34.92度のラインが引かれている。

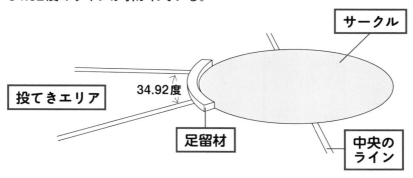

サークル

投てきエリア

34.92度

足留材

中央のライン

無効試技の例

❶着地前にサークルを出る
競技者は、投てき物が地面に着く前にサークルから出ないようにする。

❷足留材の前に出る
失敗試技では、投げたときに足留材より前に出てしまうことも多い。

❸エリア外に着地する
投てき物がエリア外に着くと無効試技になる。

❹ラインの前から出る
中央の白いラインより、後方からサークルを出なければならない。サークル内で投げ終わっても、前から出ると無効試技になるので、最後まで気を抜かないようにしよう。

あ行

足留材　砲丸投のサークルにある木製の縁。

アンダーハンドパス　リレー種目のバトンパスの方法の1つ。受け手が手のひらを下に向けて構え、渡し手が下からバトンを押し込むようにパスする。

一次加速　短距離種目で、スタートからスピードを上げていく局面を加速局面といい、30mくらいまでの区間を一次加速という。

インターバル　ハードル種目における各ハードル間のこと。

ウォーミングアップ　本練習前、または試合の日に競技前の準備として行うトレーニング。「体を温める」、「準備運動をする」といった意味がある。

オーバーハンドパス　リレー種目のバトンパスの方法の1つ。受け手が手のひらを上に向けて構え、渡し手が上からバトンをパスする。

か行

回転投法　砲丸投の投法の1つ。体を回転させ、砲丸に遠心力を加えて投げる。

かがみ跳び　走幅跳の最も基本的な跳び方。踏み切った後に振り上げ脚を前方に保持したまま着地準備に入り、両足で着地する。

切り返し　接地したときに、逆脚が接地した方の脚より前に出ていることをいう。切り返しがしっかりできれば、地面からの反発を得て走ることができる。

空中動作　跳躍種目で、踏み切ってから着地するまでの動作。

グライド（投法）　砲丸投の技術。サークル内で、大きな力を砲丸に加えることを目的に行う。グライド投法は、軽くステップを踏むように重心を移動し、体をひねりながら投げる。

クラウチングスタート　スターティングブロックを使用し、両手を地面に着き、体をかがめた状態で行うスタートの方法。400m以下の距離の短距離種目や、リレー種目（第1走者のみ）で用いられる。

肩甲骨　背中の上の方にある、逆三角形の骨のこと。

股関節　太ももの骨が骨盤と接する部分の関節のこと。

さ行

サークル　砲丸投の投てき動作を行う円状のエリア。

自重　自分の体重のこと。自重トレーニングとは、自分の体重を負荷にして筋肉を鍛えるトレーニングで、用器具を使用せずに行う。

ジョグ　ゆっくり走ることで、ジョギングともいう。トレーニングとして行うほか、ウォーミングアップやクーリングダウンのときのつなぎにも用いられる。

助走 跳躍種目や一部の投てき種目で、踏切までに勢いをつけて走ること。

スターティングブロック クラウチングスタートをするときに、足を蹴り出すのに使用する器具。

スタビライゼーション 姿勢や動作を調整しながら、体のバランスを維持、回復する能力を養うエクササイズ。用器具を使わずに体の軸を安定させ、体幹と筋肉を強化することができる。

ストライド 一歩で進む距離、歩幅。

ストレッチ 柔軟性を高めるために筋や関節を伸ばすこと。

スロープ 傾斜のある走路のこと。

接地 足を地面に着くことをいい、接地の仕方が走るときの重要なポイントになる。

足長 つま先からカカトまでの長さ、足のサイズ。

反り跳び 走幅跳の跳び方の1つで、体を反らせて跳ぶ。

た行

体幹 頭と手足を除いた体の胴体部分。

腸腰筋 背中から太ももの付け根にかけて、腹腔内を後ろから前に向かって斜めに通っている筋肉のこと。

突き出し 砲丸投の投てき動作の1つ。グライドや回転によって得たエネルギーを利用して、砲丸を投てき方向に突き出す。

突っ込み動作 棒高跳の動作の1つ。助走の後、ポールをボックスに突き立てる動作を指す。

テイクオーバーゾーン リレー種目で、バトンの受け渡しをすることができる区間のこと。4×100mRの場合は30mで、この区間外でバトンパスをしたチームは失格になる。

ドリル 基本的な動きを身につけるためのトレーニングで、さまざまな種類がある。

な行

内傾 走高跳の曲線助走時に、遠心力で体が内側に傾いた状態になること。

二次加速 短距離種目で、一次加速からトップスピードに到達するまでの局面をいい、徐々に体を起こしていく。

抜き脚 ハードリングの際に、後からハードル上を通過するほうの脚。踏切脚でもある。

乗り込み　接地した脚に、重心が乗っている状態のことをいう。

は行

バー　走高跳と棒高跳で、2本の支柱の間を渡す棒のこと。競技者はこのバーの上を跳び越える。

ハードリング　ハードル種目において、ハードルを越えるときの踏切から接地までの動作を示す。

背面跳び　走高跳の跳び方の1つ。バーに背を向けて跳び越える。

はさみ跳び　走高跳の跳び方の1つ。脚を振り上げて、バーを挟んでまたぐように跳び越える。

パス　跳躍種目や投てき種目で、試技を行わないこと。

ハムストリングス　お尻の付け根から太ももの裏側、太ももからヒザ裏の周りにある、3つの筋肉（大腿二頭筋、半膜様筋、半腱様筋）の総称。

パワーポジション　投てき種目で、準備動作から投げに移ったときの姿勢。準備動作中にスピードが高まり、体をひねることで、大きなエネルギーがため込まれた状態になっている。

ピッチ　走動作において一定時間に足が接地する回数、回転数のこと。スプリント種目では、1秒あたりの歩数で示されることが多い。

負荷　体の全体、または部分的にかかる力やエネルギーのこと。

不正スタート　スタート音より早く体が動いた場合、不正スタートとみなされる。馴染み深い言葉でいうと、「フライング」である。

フットプレート　スターティングブロックに取り付けられており、スタート時に左右の足を掛けるプレートのこと。

踏切　ハードル種目や跳躍種目で、勢いよく跳び出す動作。

踏切脚（足）　ハードル種目や跳躍種目のときに、地面から跳び出す脚のこと。抜き脚と同じ側である。

踏切板　走幅跳の踏切位置となる20cm幅の板。

振り上げ脚　ハードル種目や跳躍種目のときに、踏み切った後に振り上げる脚のこと。踏切脚と逆の脚で、リード脚ともいう。

ポール　棒高跳で、競技者が跳躍に用いる棒。素材やサイズ、硬さに規定はないが、表面に凹凸があってはならないなどのルールがあり、競技会に出場する際には検査を受けなければならない。競技力が向上するにつれて、硬く、長いポールが使えるようになる。

補強運動　必要とする箇所の筋力や柔軟性を高めるための部分的運動、または持久力、敏捷性を強化する全身的な運動のこと。自重を利用して実施するトレーニングが中心である。

ま行

マーカー　歩幅や踏切位置などの目印として置く用具。

マーク走　マーカーを目印に走る練習メニュー。

前さばき　体の前で左右の脚を入れ替える動作のことをいう。

ミニハードル　練習に用いる小型のハードル。高さは数センチ〜30数センチ程度のものがあり、練習の内容や目的によって使い分ける。瞬発力や敏捷性を向上させるために用いられることが多い。

メディシンボール　トレーニング用具の１つで、パワー系のトレーニングに用いる。重さはさまざまあるが、２〜４kgを使用することが多い。

や行

遊脚　接地した足と逆側の、浮いている方の脚のこと。

ら行

ランジ　脚を前後に開き、前脚のヒザを曲げ、上半身をまっすぐ立てた姿勢。また、その体勢で体を上下に動かす運動のことをいう。臀部や太もも裏など下半身の筋肉、体幹を鍛えることができる。

リード脚　ハードリングの際に、先にハードル上を通過する脚。また、跳躍種目で、踏切後に先に出ていく脚のことで、振り上げ脚でもある。踏切脚とは逆の脚になる。

利得距離　リレー種目で、バトンパスによって短縮される走者間の距離。

リリース　投てき種目で、投てき物を手から離すこと。

レーン　トラック種目における走路のこと。日本では以前、コースと呼ばれていた。５cm幅の白線で区切られた各レーンの幅は、1.22mに定められている。

レッグカール　ふくらはぎや太ももなど、下半身を鍛えるトレーニング。ヒザ下を曲げ、カカトがお尻につくくらいまで上げたら元に戻す、という動作を繰り返す。

おわりに

　私は、中学生で三種競技を、高校生では投擲と八種競技、高校2年から十種競技を始め、大学・社会人と18年間選手として活動をしました。陸上競技の意識を多く変えてくれたのが高校時代（神奈川県立相模台工業高校　※現神奈川県立神奈川総合産業高校）の恩師小泉亮一先生です。練習内容は日替わりで違いましたが、毎日バトン合わせ、バウンディング、鉄棒、平行棒、腹筋をしていました。この基礎的な運動は、「将来のための基礎力だ」と言われ続けていました。大学時代は、決まった指導者がいなかったので、高校で培った運動を基本にし、種目練習は専門種目の先生方に指導を仰いだり、練習パートナーを求めて多くの大学へ練習参加をしました。それらの活動が、日本選手権優勝やアジア競技会でのメダル獲得につながりました。そして、多くの人たちの力を自分なりにアレンジしたものが、現在の東海大静岡翔洋の基盤となっています。

　「補強の強さが、競技力の強さ」ということは海外での試合で感じたことです。走幅跳で、2m近くの大男がドタドタしながら助走をし、跳び方も着地も、お世辞にもきれいと言えない跳躍なのに楽に7m50cm以上跳ぶ姿に、身体能力の絶対的な力こそ、競技力の強さだと感じました。絶対的な身体能力に、運動に対しての創造力（想像力）が備われば、どんな技術も再現できるはずです。どんな状況でも負けない、それなりのパフォーマンスが発揮される選手を目指す必要があります。

　基礎・基本を「ていねい」に「時間をかけて」、「継続的」に行うこと。世界的なトップ選手でも中学生でも、必ずドリル（基本動作）を行います。実際のレースに目を奪われがちですが、その力はウォーミングアップ等の一連の動作からなることが多いです。適当なウォーミングアップは適当な結果にしかならないことを、トップ選手たちは知っております。だからこそ、日常から試合まで同じことを繰り返し行ってください。必ず結果として現れるはずです。

　指導者となった今、選手に対して良き環境作りを意識しています。練習内容・道具・チームの雰囲気、最後に適切な声かけです。選手に刺さる最高の一突きが出せるか、私自身も成長していきます。

菅間友一 すがま・ともかず

[東海大学付属静岡翔洋高等学校教諭]
1971年生まれ。神奈川県出身。現役時代は混成競技の選手で、東海大、ゼンリン時代には十種競技で国際舞台に立った。世界大会は90年の世界ジュニア選手権、95年のユニバーシアードで日本代表入り。94年のアジア大会では銅メダルを獲得、アジア選手権には93年と98年に出場し、98年の福岡大会では銀メダルを手にした。99年には日本選手権で優勝。2001年に第一線を退き、東海大海洋学部非常勤講師、東海大臨時職員、東海大翔洋高(現・東海大静岡翔洋高)非常勤講師を兼任したのち、03年から東海大翔洋高の教諭となり、陸上競技部の顧問を務めている。

撮影協力
東海大学付属静岡翔洋高等学校陸上競技部

短距離(ハードル、リレーを含む)、跳躍を中心に毎年、全国大会出場者を輩出している。全国高校総体(インターハイ)では、2010年に男子走幅跳の松原奨、18年に200mの高木悠圭、21年に800mの兵藤ジュダ、走幅跳の北川凱が優勝。21年の福井インターハイでは、走幅跳で北川と深沢瑞樹がワンツーを占めるなど、男子総合2位、フィールド優勝を飾った。高校在学中の世界大会出場者は2人。10年のユースオリンピック男子走幅跳で松原が2位、15年世界ユース選手権に出場した北原涼太は男子400mで準決勝に進み、1走を務めた男女混合4×400mRでは3分25秒01のU18日本最高記録で6位に入賞した。

中学デビューシリーズ
陸上競技入門

2024年5月31日　第1版第1刷発行

著者　　菅間友一
発行人　池田哲雄
発行所　株式会社ベースボール・マガジン社
　　　　〒103-8482
　　　　東京都中央区日本橋浜町2-61-9　TIE浜町ビル
　　　　電話　03-5643-3930（販売部）
　　　　　　　03-5643-3885（出版部）
　　　　振替口座 00180-6-46620
　　　　https://www.bbm-japan.com/

印刷・製本　共同印刷株式会社

©Tomokazu Sugama 2024
Printed in Japan
ISBN 978-4-583-11653-2　C2075

＊定価はカバーに表示してあります。
＊本書の文章、写真、図版の無断転載を禁じます。
＊本書を無断で複製する行為（コピー、スキャン、デジタルデータ化など）は、
私的使用のための複製など著作権法上の限られた例外を除き、禁じられています。
業務上使用する目的で上記行為を行うことは、使用範囲が内部に限られる場合であっても
私的使用には該当せず、違法です。また、私的使用に該当する場合であっても、
代行業者等の第三者に依頼して上記行為を行うことは違法となります。
＊落丁・乱丁が万一ございましたら、お取り替えいたします。
＊QRコードはデンソーウェーブの登録商標です。
＊動画は、インターネット上の動画投稿サイト（YouTube）にアップしたものに、
QRコードで読み取ることでリンクし、視聴するシステムを採用しております。
経年により、YouTubeやQRコード、インターネットのシステムが変化・終了したことにより
視聴不良などが生じた場合、著者・発行者は責任を負いません。また、スマートフォン等での
動画視聴時間に制限のある契約をされている方が、長時間の動画視聴をされた場合の
視聴不良などに関しましても、著者・発行者は責任を負いかねます。